AF259397

DE LA CRÉATION D'UNE DIVISION DE RÉSERVE.

De la Création

D'UNE

DIVISION DE RÉSERVE

DE L'ARMÉE D'AFRIQUE

par

le Colonel de Beaufort

du 47ᵉ régiment.

PERPIGNAN,

IMPRIMERIE DE J.-B. ALZINE.

✻

1840.

DE LA CRÉATION

D'UNE

DIVISION DE RÉSERVE

DE L'ARMÉE D'AFRIQUE,

1

Opportunité de la réorganisation de la division active des Pyrénées-Orientales en division de réserve pour l'Afrique.

La guerre civile touche en Espagne à sa fin. Si la lassitude des provinces belligérantes a été la principale cause du dénoûment, il est permis de croire que les mesures adoptées pendant six années par le gouvernement français sur la frontière des Pyrénées ont été la cause secondaire la plus énergique de cet heureux

1

résultat. Pendant six ans, le gouvernement a fermé les passages d'Espagne par l'établissement de deux divisions d'observation, toujours prêtes à donner aux agents des douanes les renforts nécessaires, toujours prêtes à franchir la frontière le jour où le triomphe de Don Carlos serait devenu imminent. Tandis que nous tenions ainsi l'insurrection bloquée du côté de la terre, plus d'une fois notre station navale a été d'un grand secours à la cause de la Reine, en transportant des troupes ou du matériel sur les points menacés.

Mais enfin des jours meilleurs s'annoncent pour l'Espagne. La pacification marche vite, et l'on peut prévoir le jour où les sacrifices que s'imposait le gouvernement français pour maintenir des troupes en état de rassemblement sur la frontière deviendront inutiles : les divisions des Pyrénées seront-elles alors conservées? il est probable qu'elles seront dissoutes, et nous ne voyons pas à quoi pourrait servir celle de Bayonne. Mais il n'en est pas de même de celle dont le quartier-général est à Perpignan.

Les vicissitudes de la guerre d'Afrique ont souvent exigé une augmentation d'effectif pour l'armée qui y soutient, avec tant d'éclat, l'honneur de la France. Ces renforts s'embarquent à Toulon, ou à Port-Vendres, lorsqu'ils sont pris dans la division des Pyrénées-Orientales; or l'expérience a prouvé que les régiments sortis de la 21e division militaire s'acclimataient plus rapidement, et qu'ils acquéraient avec une merveilleuse promptitude la spécialité de la guerre d'Afrique.

Nous citerons entr'autres les 2e et 17e léger, les 23e et 47e de ligne.

Comme touts les régiments français sont composés

des mêmes éléments, si ceux que nous venons de nommer ont eu la gloire de faire remarquer leur numéro, nous ne pensons pas qu'on puisse attribuer leurs succès à d'autres causes qu'à leur séjour dans les Pyrénées-Orientales. En effet, le climat de cette partie de la France offre de nombreuses analogies avec celui de l'Afrique; on y est soumis, comme dans notre colonie, à ces variations brusques de température si fatales à la santé des hommes. Sur le littoral, la végétation et l'aspect physique du sol rappellent l'Algérie à ceux qui l'ont habitée. Ajoutons, que si les hommes étaient préparés à changer de climat par une transition douce, le service spécial qu'ils avaient fait dans la 21e division militaire les avait endurcis à la fatigue, et avait commencé leur éducation de guerre. L'activité bien entendue de M. le Lieutenant-général, comte de Castellane, sa sollicitude et sa vigilance de toutes les heures donnent bientôt une physionomie particulière aux corps placés sous son commandement Aucun détail n'est regardé comme puéril, et l'exécution rigoureuse de touts les réglements en vigueur donne à ces régiments un ensemble et un aplomb remarquables. Telles sont les circonstances qui ont eu une si heureuse influence sur la réputation des 2e et 17e léger, des 23e et 47e de ligne.

La division active des Pyrénées - Orientales a été long-temps, par le fait, une véritable division de réserve de l'armée d'Afrique. Pourquoi ne serait-elle pas réorganisée sur cette base, lorsque sa mission cessera vis-à-vis de l'Espagne ? Nous pensons avoir suffisamment établi la convenance de cette transformation, et il a fallu que notre conviction fût profonde pour que nous ayons surmonté notre répugnance à saisir une plume, arme dont nous n'avons pas appris à nous servir dans le cours de notre longue carrière.

Nous allons examiner d'une manière rapide dans les pages qui suivent comment on pourrait approprier la division des Pyrénées-Orientales à la spécialité que nous sollicitons pour elle. Nous n'avons pas l'espoir que nos idées seront les meilleures à ce sujet, mais elles ont été inspirées par l'amour de notre pays et un séjour de six ans en Afrique. Que d'autres apportent le tribut de leur expérience et de leurs lumières, et si M. le Ministre de la guerre use de son initiative avec les modifications que lui indiquera sa haute position, nous avons la certitude qu'il aura fait quelque chose pour le bien de la France.

2

Composition de la division de réserve. — Répartition des troupes dans la division de réserve. — Troupes casernées en ville. — Troupes campées. — Troupes cantonnées sur la frontière.

La crise violente que nos possessions du nord de l'Afrique traversent à l'heure où nous écrivons, ne peut se prolonger au-delà de quelques mois, soit que nos ennemis s'affaiblissent dans la lutte d'une manière irréparable, soit qu'avertis enfin par une si longue et si funeste expérience, nous donnions nous-mêmes des limites à notre occupation et que nous nous contentions à l'avenir de protéger efficacement notre territoire sans nous aventurer dans des expéditions lointaines qui, divisant trop notre action et nos forces, finissent par les annuler. Quelle que soit du reste l'issue de la campagne, nous ne pensons pas que les circonstances actuelles se représentent jamais avec la

même gravité. Il a fallu, depuis la reprise des hosti-
lités, transporter coup sur coup cinq régiments frais
en Afrique, et de nouveaux renforts sont jugés nécessaires. Si l'Algérie devait continuer à engloutir ainsi
nos régiments, l'établissement d'une division de réserve serait illusoire et inutile parce que les troupes
ne feraient qu'y passer et ne pourraient se préparer
au genre de service et de travaux qu'on demande en
Afrique. Mais il est impossible de supposer que ce
triste état de choses ne touche pas à son terme par
l'une ou l'autre des causes énoncées plus haut. Alors
avec quatre régiments toujours prêts à être embarqués, il sera possible de renouveler les régiments qui
auront accompli quatre ans de séjour en Afrique et
même de renforcer l'armée au besoin. En effet, seize
régiments d'infanterie tenus au complet de 1,800
hommes et réunis aux corps hors ligne, tels que les
Zouaves, les trois bataillons légers d'Afrique, le bataillon de tirailleurs, la légion étrangère, le bataillon
turc, les compagnies de discipline, les quatre régiments de chasseurs à cheval et les Spahis forment un
effectif assez imposant pour assurer la sécurité de
nos possessions, surtout, si, comme tout porte à le
croire, on adopte le système du général Rogniat, ou
celui du commandant Saint-Hippolyte. Chaque année, quatre de ces régiments rentreraient en France
et seraient remplacés par quatre régiments de la division de réserve. Si des renforts devenaient nécessaires, il serait impolitique de se priver du concours
de régiments rompus à cette guerre, et qui indépen-
damment de l'utilité dont ils sont par eux-mêmes,
donnent par leur voisinage de l'aplomb aux corps
nouveaux venus. Le séjour des régiments en Afrique,

en cas d'urgence, mais alors seulement, pourrait être porté à cinq ans sans pouvoir jamais outre-passer ce terme.

On voit donc qu'en composant de quatre régiments la division de réserve, elle pourrait renouveler par quart l'armée d'Afrique, ou la renforcer d'un quart suivant les circonstances et dans le moment où le ministre le jugerait nécessaire.

Il est arrivé souvent depuis quelques années que des régiments, surpris par un ordre de départ dans une garnison agréable, ont été dirigés, à peine débarqués en Afrique, sur des camps insalubres dont l'horizon dépouillé fatigue le regard; et qu'on les y a laissé languir plusieurs mois sans donner aucun aliment à leur activité. L'ennui les a préparés dès le premier jour au dégoût, à la nostalgie et aux fièvres qui déciment nos rangs mieux que les balles arabes. «On a oublié parfois, dit M. le comte de Castellane, «dix-huit mois un régiment dans un camp sans bou-«ger; il faut savoir ce que c'est que Mjez-Ammar ou «le Foundouck pour se figurer le malheur d'un pa-«reil séjour, sous de mauvaises baraques ou des ten-«tes avec de grosses pluies d'Afrique; pour unique «distraction, la promenade dans les limites du camp.» Devant un péril imminent, devant l'ennemi, le soldat qui joue son existence pour l'honneur de sa patrie grandit dans sa propre estime: il sent qu'on a les yeux sur lui, et cette certitude suffit pour rehausser son moral. Ceux qui faiblissent dans cette épreuve sont rares et faciles à compter. Mais il faut des âmes plus fortement trempées pour accepter sans regrets, sans retour vers un passé ou vers un avenir meilleur, la perspective de la mort à la suite d'une obscure mala-

die et loin du pays, triste mort qui ne laisse pas même la chance de figurer dans un bulletin. La bravoure
est commune ; la résignation et la constance sont des
vertus d'exception. C'est donc une rude épreuve pour
un régiment que de passer sans transition d'une garnison agréable et commode dans un camp isolé de l'A-
frique. Cette épreuve, nous voudrions que nul régiment ne pût y être soumis désormais ; et pour cela,
dès son entrée dans la division de réserve, nous lui
ferions faire son noviciat des camps.

Nous avons dit plus haut que quatre régiments
composeraient la division de réserve. Les régiments
seraient formés de deux bataillons de guerre et d'un
bataillon de dépôt. Les bataillons de guerre seraient
embrigadés comme ils le sont dans la division active
des Pyrénées-Orientales.

Un camp baraqué pouvant recevoir quatre bataillons d'infanterie serait établi à une ou deux lieues
de Perpignan.

Chacune des deux brigades composant la division
passerait alternativement trois mois en ville et trois
mois au camp.

Les magasins resteraient en tout temps au quartier-
général de la division. Les bataillons de dépôt desti-
nés à former les recrues seraient répartis dans les can-
tonnements de la frontière.

3

Équipement, armement et habillement des troupes de la division
de réserve.—Service en ville.— Service au camp.

Le maréchal de Saxe a dit que tout le secret de la
guerre était dans les jambes. L'illustre auteur des rê-
veries jette en quelques mots une vive lumière sur le
problême à résoudre dans la guerre d'Afrique. Sans
doute nous ne pouvons prétendre à donner la mobilité
de la cavalerie de l'Emir à nos colonnes embarrassées
d'artillerie, de fourgons et de voitures d'ambulance.
Si les arabes nous gagnent de vitesse, cela tient à leur
barbarie même. Mais aidés du reste par la supériorité
de nos évolutions, ne devons-nous pas chercher à tirer
contre eux un meilleur parti de notre infanterie en
l'allégeant et lui donnant un équipement qui se prête
mieux à la marche? Cette nécessité est bien sentie en
Afrique. Lorsqu'un régiment part pour les camps ou

pour une expédition, la giberne est déposée en magasin et les soldats prennent la cartouchière. Le général Bugeaud, dans son expédition du 6 juillet 1836, qui se termina d'une manière si brillante par le combat de la Sickak, laissa même aux troupes sous ses ordres la faculté de ne pas emporter de sabre. Toutefois, si le sabre est absolument nul comme arme offensive, il est d'un grand usage au bivouac pour les feux et la construction des abris. Nous ne pensons donc pas qu'il soit opportun de le supprimer, et nous réclamons pour lui une modification fort insignifiante en apparence, mais dont l'expérience nous a fait sentir l'utilité. La soie de la lame, après un court usage, joue dans la poignée, et l'instrument perd de sa bonté. Il faudrait que la soie de nos sabres fût traversée de trois clous comme le sont ceux des sapeurs du génie.

Puisqu'on a préféré pour les combats et les marches la cartouchière à la giberne, nous ne comprenons pas très bien pourquoi l'on porte la giberne dans Alger. Elle est exposée avec ses buffléteries à se détériorer dans les magasins ; il vaudrait sans doute mieux la supprimer tout-à-fait pour l'armée d'Afrique.

Dans les camps et dans les marches, les soldats ne portent que la capote ; l'habit reste à Alger dans les magasins des corps. Il résulte de là que la durée fixée pour les effets n'est plus en harmonie avec l'usage que l'on fait de chacun d'eux. L'habit arrivé à terme est presque entièrement neuf, et la capote est usée et râpée bien long-temps avant d'être renouvelée. Le 47e de ligne, qui, sur quatre ans de séjour en Afrique, a eu l'honneur de ne rester que cinq ou six mois dans les villes, avait par cette raison un air délabré, qui témoignait des fatigues supportées par ce régiment. Ne pourrait-on pas verser les habits en même temps que les schakos dans les magasins de l'état et réduire la durée de la capote dans la proportion de l'économie qui en résulterait pour le trésor?

Comme les régiments de la division de réserve devraient être toujours prêts à être embarqués, leur équipement et leur habillement seraient les mêmes qu'à l'armée d'Afrique.

Ils auraient la cartouchière au lieu de la giberne. L'armée entière va bientôt recevoir des fusils à percussion; il serait bon de commencer cette opération par les troupes de la division de réserve qui se trouveraient ainsi munies d'une arme supérieure à l'ancienne et qui leur serait devenue familière avant d'entrer en campagne.

Puisqu'au lieu de rendre le schako plus léger, ce qui serait facile, on aime mieux avoir une coiffure pour la France et une autre pour l'Afrique, les régiments de la division porteront le képi. Il résultera de là que lorsqu'ils s'embarqueront, on n'aura plus recours à un autre régiment pour lui faire confectionner 1500 ou 2000 képis. Ces commandes sont souvent arrivées dans les moments les plus inopportuns, lorsque les corps, auxquels elles étaient faites, n'avaient pas assez d'ouvriers pour suffire à leurs propres besoins.

Les régiments de la division ne porteront que la capote et verseront les habits en même temps que les schakos.

Nos idées sont fixées à présent sur l'équipement, l'armement et l'habillement des troupes dans la division de réserve, il est temps d'aborder une question d'une égale importance : celle des services qu'elles auraient à faire dans la ville ou au camp.

« Dans la ville où seraient réunis plusieurs ba-« taillons, on les exercerait au service de place, aux « évolutions de ligne etc. [1]. » Des théories fréquentes seraient faites aux officiers sur le tir du fusil d'infan-terie, et sur la fortification de campagne. On enjoin-drait, de temps à autre, à quelques-uns d'entr'eux de faire une reconnaissance sur le camp; ils auraient un détachement sous leurs ordres et, à leur rentrée en ville, ils adresseraient leur rapport au Lieutenant-Général.

« Dans les camps, les bataillons feraient les exer-« cices de détail, les reconnaissances, le service d'a-« vant-postes [1]. » Un soin particulier serait donné à l'exercice du tir à la cible. Les allocations de cette partie de l'instruction seraient augmentées du dou-ble dans la division de réserve. Les troupes y seraient exercées à la construction des ouvrages de campagne sous la direction des officiers que les théories faites dans la ville auraient fait reconnaître pour les plus capables.

Pour habituer la troupe à se réunir avec rapidité, la générale serait quelquefois battue de nuit dans la ville, et la garnison se dirigerait sur le camp. Les chefs de poste qui se seraient laissé surprendre soit par la garnison, soit par des reconnaissances parti-culières, seraient sévèrement punis.

Il est inutile de nous appesantir sur l'importance des convois à la guerre. Ceux qu'on dirigerait de la

[1] Comte de Castellane, discours prononcé à la chambre des Pairs.
[1] Comte de Castellane, discours prononcé à la chambre des Pairs.

ville sur le camp ou réciproquement, seraient escor-
tés et conduits avec toutes les précautions d'usage en
campagne.

C'est ainsi que la division de réserve acquerrait la
pratique du réglement sur le service en campagne,
et que, familiarisée avec tous les besoins de la guerre,
elle se présenterait en ligne dès les premiers jours
avec l'aplomb des vieilles troupes, et l'impétuosité
des plus jeunes.

4

Récapitulation. — Conclusion.

Etablir près de la mer une division parfaitement exercée que l'on pût embarquer sans perdre de temps en préparatifs préliminaires ; chercher à préserver le soldat de la nostalgie en lui ménageant une transition entre la France et l'Afrique ; le rompre enfin peu à peu aux fatigues de la guerre , tel est le but dans lequel nous voudrions voir créer une réserve pour l'armée d'Afrique. Nous ne nous dissimulons pas tous les obstacles que doit rencontrer un tel projet ; les dépenses de premier établissement sont un écueil redoutable pour toutes les nouveautés. L'emplacement de cette division pourra aussi rencontrer des contradicteurs. Le climat de Toulon est tout aussi méridional que celui de Perpignan, et le voisinage d'un grand port militaire permettrait de transporter les troupes

en Afrique au premier signal du télégraphe. A cela
nous répondrons qu'à nos yeux l'un des principaux
avantages de la division de réserve serait de donner
une nouvelle vie et une nouvelle activité aux travaux
du port de Port-Vendres. Un seul port militaire dans
la méditerranée ne suffit pas à la France ; l'expérience l'a prouvé. Le port de Port-Vendres est une des
créations qui feront le plus d'honneur à la dynastie
d'Orléans, parce que peu d'établissements ont la même importance qu'un bon port militaire dans la desti-
née d'une nation. Plus rapproché d'Oran que Toulon,
Port-Vendres serait un point précieux pour ravitailler
cette partie de l'Afrique dans un cas de guerre mari-
time. La nature avait tout fait pour ce port que l'art
a si long-temps négligé. Placé à deux ou trois lieues
de l'Espagne, le port de Port-Vendres sera la senti-
nelle avancée de la France.

Sans doute il s'écoulera bien des années avant que
l'Espagne ait débrouillé le chaos que lui lègue la
guerre civile, et qu'elle puisse être redoutable par
elle-même. Mais il faut tout prévoir en politique, et
l'on ne doit pas se dissimuler que l'accession des fem-
mes au trône d'Espagne peut y faire monter à côté
d'une fille de Ferdinand vii un prince dévoué à nos
ennemis du nord ; — ce jour-là Port-Vendres sera de
quelque poids dans la balance. Le projet que nous
venons d'exposer sera, on ne peut le nier, une source
de prospérité pour cette ville où il attirera les bâti-
ments du commerce et ceux de l'Etat. Depuis quelques années plusieurs hommes éminents ont émis le
vœu de voir employer l'armée aux grands travaux
d'utilité publique. C'est un essai qu'on pourra faire à
Port-Vendres, dans la saison de l'année qui paraîtra

le plus convenable. Cette nouvelle épreuve ne sera pas inutile à la division de réserve, puisque les troupes en Afrique sont employées à des travaux de ce genre pendant les intervalles de paix.

Enfin, nous émettrons, en terminant, un argument dont nous ne nous dissimulons pas la faiblesse, mais qui cependant ne doit pas paraître absolument méprisable au gouvernement protecteur de touts les intérêts. Pendant six années, de fortes garnisons ont séjourné dans les Pyrénées-Orientales. Les besoins des troupes ont agrandi le commerce de détail. L'argent a circulé dans les plus pauvres villages, et la misère y fera place à l'aisance lorsque nos soldats les quitteront. Ce sont de ces brusques changements qu'on ne saurait trop éviter.

La création de la division de réserve servirait en outre à continuer l'état de choses existant dans les Pyrénées-Orientales.

Perpignan, 1er juillet 1840.